こうすれば

きみも
話せる

友だちと
会話を
楽しもう

監修 鳥谷朝代

2

岩崎書店

こうすればきみも話せる②
友だちと会話を楽しもう

巻頭マンガ 話すには聞く力とまとめる力も必要なんだ ……… 4

ステップ1 みんなで話し合おう　　6

話し合いはみんなでひとつのゴールをめざす ………………… 8

話し合いの前の準備をしよう ……………………………… 10

意見を言うときは「順序よく」まとめよう ………………… 12

反対意見を言うときは人の話をよく聞いてから …………… 16

ステップ2 みんなで調べて、まとめて、発表しよう… 18

話し合ってテーマを決めることがスタート ………………… 20

発表のしかた、伝え方はいくつもある ……………………… 24

ステップ3 聞く力をきたえよう ……………… 28

話を聞くときは聞いているということを示そう …………… 30

友だちの発表をよく聞こう …………………………………… 34

ステップ **4**	友だちどうしで仲よく話そう ⋯⋯⋯⋯⋯⋯	**36**

親しき中にも礼儀あり！　あいさつは大切 ⋯⋯⋯⋯⋯⋯ **38**

楽しくなる話し方でもっと仲よしに ⋯⋯⋯⋯⋯⋯⋯⋯ **40**

こんなときどう伝える？ ⋯⋯⋯⋯⋯⋯⋯⋯⋯⋯⋯⋯ **42**

全巻さくいん ⋯⋯⋯⋯⋯⋯⋯⋯⋯⋯⋯⋯⋯⋯⋯⋯⋯ **46**

まえがき

あなたのまわりに話していて楽しい人、みんなに好かれる人はいますか？ それはどんな人ですか？　話がおもしろい人？　いっぱいしゃべる人？

話し上手な人をよく観察してみると、決して一方的にたくさんしゃべっているわけではないことがわかります。自分ばかりが話すのではなく、相手の話をきょうみをもって聞き、必要に応じてあいづちを打ったりしながら、会話がはずむようにしています。

会話は「キャッチボール」です。相手の話に対して返事や反応をしないのは、投げてくれたボールを投げ返さないことと同じです。最初は受け取って投げ返すのが苦手な人も、練習すれば上手になれます。相手がキャッチしやすいよう投げる練習をしましょう。「反対意見を言う」「みんなの意見をまとめて、発表する」ことも慣れないうちはむずかしいですが、キャッチボールと同じで、練習や経験を積むことで、できるようになります。

この2巻では、「話す力」と「聞く力」両方を勉強しましょう。

鳥谷 朝代

巻頭マンガ

話すには聞く力とまとめる力も必要なんだ

ステップ 1 みんなで話し合おう

大人数の話し合いでも意見が言えますか？
全員が意見を言いやすくなる話し合いのしかたを考えてみましょう。

考えてみよう

1 いつも同じ人の意見ばかりが通っていない？

学級会でなにかを決めるとき、いつも同じ人が発言をしている、という状況はないだろうか。ほかの人は、黙っていたり、自分には関係ないと思っていたり……。これではみんなでの話し合いになっていない。

6

自分の意見を言える人が信頼される

みんなで話し合いをするとき、自分では発言せず、いつも聞いているだけという人がいます。でも、ずっと黙っていたのでは、話し合いに参加したことになりません。

大人になっても、会議など話し合いの機会はよくあります。そんなとき、自分の意見をしっかり言える人が、みんなに信頼してもらえるのです。話し合いで発言するのは、むずかしくはありません。少しの工夫で、自分の意見を言えるようになります。

2 ここをチェックしよう ☑

- ☐ 特別な意見がある人だけが言えばいいと思っている？
- ☐ 自分の考えがまとまらなくて言えない？
- ☐ 「どうせ同じ意見だから」言わなくてもいいと思っている？
- ☐ 反対意見の言い方がわからない？

3 4つのポイントで話し合いがしやすくなる

1 話し合いには必ず全員が参加する

2 話し合いの準備をきちんとする

3 自分の考えは話して伝える

4 反対意見は上手に伝える

ステップ1 みんなで話し合おう

ステップ2 みんなで調べて、まとめて、発表しよう

ステップ3 聞く力をきたえよう

ステップ4 友だちどうしで仲よく話そう

話し合いはみんなで ひとつのゴールをめざす

話し合いはただ発言をすればよい、というものでもありません。
みんなが納得のいく答えを出すために必要なことはなんでしょうか。

話し合えばもっといい考えが見つかる

みんなが集まって話し合いをするのは、ひとりでは思いつかないような考えをみちびき出すためです。なん人かが集まれば、いろいろな意見が出てきます。ひとりでは考えつかなかった意見もあるし、人の意見を聞いて新たな考えが生まれてくることもあります。

そうやって意見をやりとりしながら、"ひとつの考えにまとめる"というゴールをめざします。

自分の言いたいことを言っているだけでは、ゴールに到達できません。話し合いに参加している全員が、同じ目的をもって話し合うことが大切です。

1 みんなで考えると新しい考えがうかぶ

ひとりで考えていてもなかなかいい考えがうかばないときがある。ほかの人に意見を聞くと、自分がもっていなかった情報や意見が集まる。

➡ひとりで考えるとき
自由研究でなにをするか、テーマを考えているが、思いつかない。

➡みんなで考えるとき
「図書館で自由研究の相談に乗ってくれるみたいだよ」という情報や、「絵をかくのはどう？」などの意見があると、考える手助けになる。

2 たくさん発言していても、これは話し合いじゃない

×好き勝手に発言する

わたしは……

でもぼくは、ちがうと思います

×どなる、おこる

おかしいだろ！

×人の発言をぜんぶ否定する

そんなの絶対反対！

無理に決まってるじゃん

×意見を言った人を攻撃する

いつもはそんなこと思っていないくせに

いい子ぶってるんじゃないの？

人の話を聞く力も必要

　みんなで話し合ってひとつの考えに行き着くというのは、そうかんたんではありません。多くの人が次々に発言していても、話し合いがゴールに向かっていかないことがあります。いい話し合いのためには、人の意見をよく聞いたり、人の気持ちを考えたりすることも必要です。たとえ自分の考えとちがっていても、人の意見をきちんと受け止め、自分の考えとどこが同じで、どこがちがうのかを考えましょう。そうすれば、話し合いはゴールに向かって進んでいきます。

　よくないのは、感情的になったり、自分とちがう意見を全面否定したりすること。人が発言している最中に、勝手に発言するのもいけません。みんなが話し合いのルールとマナーを守っていると、発言もしやすくなります。

話し合いの前の準備をしよう

スムーズに話し合いを進めるためには、準備が欠かせません。
準備を整えることで、全員が気持ちよく参加できるようになります。

みんなが話しやすくなるのはこんな話し合い

ポイント1 話し合いでの約束

- 時間通りに終わらせる
- 必ず手を挙げて発言する
- 話し合いに関係のないことは言わない

ポイント2 進行役

- みんなに発言を促す
- 話がずれそうになったらもどす
- 時間を見ながら進行する
（※進め方は21ページを見てみよう）

これから○○についての話し合いを始めます

全員が話しやすい環境をつくる

活発な話し合いにするためには、すべての人が発言しやすいように工夫することも必要です。たとえば座席のならべ方でも、話し合いのしやすさがちがってきます。みんなの顔が見えたほうがいいし、距離がはなれすぎないほうがいいでしょう。いい話し合いのためには、そういったことからきちんと準備したいものです。

話し合いの進行役がいると、みんなにバランスよく発言してもらうことができます。書記がいて、話し合った内容をみんなが見えるように書いていくのもいい方法です。話し合った内容や経過がよくわかり、発言しやすくなります。

ポイント3　書記
・どの人からも見やすいように書く
・ていねいな文字で書く
・話に追いつけなければ待ってもらう

ポイント4　席は6人ぐらいの「アイランド型」
少人数のグループに分かれると、グループごとに話し合えるので、意見が出やすい。

ステップ1　みんなで話し合おう

みんなで調べて、まとめて、発表しよう

聞く力をきたえよう

ステップ4　友だちどうしで仲よく話そう

11

意見を言うときは「順序よく」まとめよう

意見を言うときは、聞いている人にわかってもらえるように伝えることが大切です。そのためには話をする順序を意識してみましょう。

人の話をよく聞いてから発言する

みんなで話し合っているときに、自分の意見を言うのはとてもいいことです。しかし、そのためには、どんな意見が出ているのか、よく聞いておく必要があります。書記が書いている記録を参考にしてもいいし、自分なりにメモをとっておいてもよいでしょう。

みんなの意見に耳を傾けず、自分の言いたいことだけ言うのでは、話し合いにはなりません。

人が発言しているときには、自分が賛成できる点はどこか、どうしたらもっとよくなるだろうか、といったことを考えながら聞くようにします。そうすることで、議論を活発にして、前に進める発言ができるようになります。

歴史に残るスピーチの達人

奴隷を解放したアメリカ大統領 エイブラハム・リンカーン

19世紀のアメリカでは奴隷制が根づいていました。奴隷には人権はありません。自由もありません。その奴隷たちを解放して、自由にしようと主張したのがエイブラハム・リンカーンでした。

そのころ、アメリカ国内では奴隷制をやめたほうがよいと考える人と奴隷制を続けたいと考える人の間で戦争が起きていました。その最中、リンカーンは大統領に選ばれ、1863年に奴隷解放令を出しました。同じ年、ゲティスバーグで行われた演説では、戦争で亡くなった人々をいたみ、生きている自分たちがこれからどのようなアメリカをつくっていくべきかを「人民の人民による人民のための政府」という言葉を用いて、短いながらも力強く話しました。

発言するときの3ステップ

 話し合いの流れを理解する

自分が発言するまでのほかの人の意見を聞いて、話し合いのテーマからずれないように、自分の意見を整理する。

ステップ2 まずは自分の意思表示をしよう

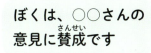
ぼくは、○○さんの意見に賛成です

だれの意見に賛成、または反対なのかを言う。ただし、反対意見は、言い方に気をつける（16ページを見てみよう）。

 その理由を説明する

「かじょう書き」で伝えるとわかりやすい

① 「その理由は○こあります」
② 「ひとつめは、……です。ふたつめは、……です」
③ 「だからぼくは○○さんの意見に賛成です」

短くてもいいので、必ず自分の意見の説明をする。自分の意見に説得力をもたせるためにも必要。

"同じ意見" も立派な意見

話し合いをしていると、自分が考えていたのと同じ意見を、だれかが先に発言することがあります。「同じ意見だから言わなくていいや」と考えがちですが、それはちがいます。なにも言わなければ、あなたがどんな意見をもっているのか、ほかの人にはわかりません。

そういう場合は「○○さんも言っていましたが、わたしもこう考えています」と、自分の意見として発言したほうがいいのです。同じ考えの人がもうひとりいたとわかれば、話し合いの流れが変わってくるかもしれません。そのように考える自分なりの理由を話すことができれば、さらにいいでしょう。

また、発言するときには、主語を「わたし」にしましょう。「○○さんの意見に賛成です」と言うよりも、「わたしは、○○さんの意見に賛成で、～と思います」と言うほうが、あなたがしっかり考えた意見であるということが、聞いている人により伝わります。

話し合いを盛り上げる4つのポイント

❶ 話し合っているときも感謝は必ず伝える

ありがとう！ 助かったよ

❷ 賛成するときははっきり伝える

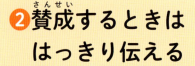

はい、わたしはこの意見に賛成です

× あとで言えばいいか……
きっと伝わっているよね

× 賛成だし、言わなくてもいいか

> **知りたい！** だれも発言しなくなってしまったとき、どうする？

小さなグループに分かれて話し合おう

　たくさんの人で話し合いをしていると、パタッと意見が出なくなることがあります。いったんこうなると、進行役が「ほかに意見はありませんか」とくりかえしても効果はありません。こんなときは、4～6人程度の小さなグループに分かれて、話し合ってもらうといいでしょう。時間は5分くらい。少人数になると、急に話がしやすくなり、いろいろな意見が出てきます。それをグループごとにまとめて発表してもらい、そこから話し合いを続けるのです。

❸ 自分の意見を言う前に相手の意見を認める

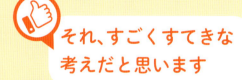

それ、すごくすてきな考えだと思います

❹ いつでも前向きに

そのアイデアを実現する方法をみんなで考えましょう！

そして、わたしの意見は……

× なんかそれって微妙な気がするよ

× それはちょっと無理だと思うなー

ステップ1 みんなで話し合おう

みんなで調べて、まとめて、発表しよう

聞く力をきたえよう

ステップ4 友だちどうしで仲よく話そう

15

反対意見を言うときは人の話をよく聞いてから

反対意見だと言いにくく感じたり、ケンカになったりしてしまう人もいるのでは？　少し言葉に気をつければ、ぐっと伝えやすくなります。

1 "魔の5Dワード"を使っていない？

でもー　だけどー　だってー　だーかーらー　どうせ……

魔の5Dワードとは、「でも（Demo）」など「D」から始まる否定の言葉。相手の意見を最初から否定する人とは話したくない。

反対でもはじめから否定するのはダメ

　話し合いの中で自分とはちがう考えの発言があると、「ちがう！」「そうじゃない！」という気持ちでいっぱいになります。しかし、頭ごなしに否定する発言をしてしまったら、言われたほうも感情的になり、いい話し合いはできなくなります。

　反対意見を言うときは、「そういう考えがあることはわかりました」と相手の意見を受け止めましょう。それから、「でも、こういう考え方もできるのでは」と自分の意見をのべます。

　これなら感情的にならないし、反対意見が話し合いを進めるための貴重な提案になるのです。

2 イエスバット法で伝えよう

ステップ1 みんなで話し合おう

1 YES
相手の意見を受け止める
相手は「自分の意見を受け止めてくれる人だ」と安心して、こちらの話を聞いてくれるようにもなる。

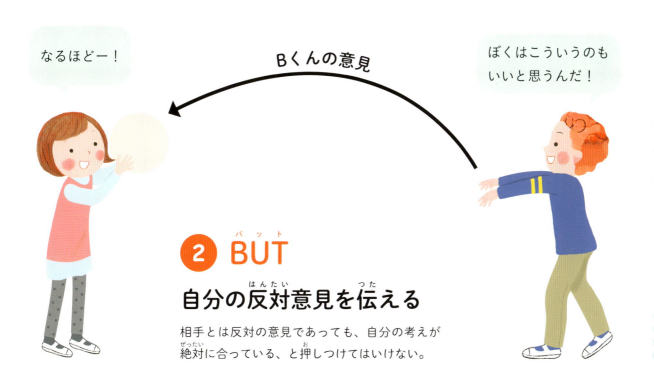

2 BUT
自分の反対意見を伝える
相手とは反対の意見であっても、自分の考えが絶対に合っている、と押しつけてはいけない。

17

ステップ2 みんなで調べて、まとめて、発表しよう

調べ学習では、グループのみんなと話し合って
ものごとを進めたり、発表をしたりと、話すことが重要です。

考えてみよう

① グループでの発表を成功させるには？

えーっと、ぼくたちは……

ひとりがダラダラ話していたり、やる気のなさそうな人がいたりすると、聞いている人はどう思うだろうか？

＼聞いている人の気持ち／

- × つまらない
- × わからない
- × 発表しているグループの人もつまらなそう

２ ここをチェックしよう☑

- □ 全員が納得いくように話し合いをした？
- □ ダラダラと話していなかった？
- □ 数字やむずかしい言葉は多くなかった？
- □ みんなに見えるように資料を使っている？
- □ いちばん伝わりやすい発表方法を選べた？

３ グループ発表成功の２つのポイント

成功させるにはみんなの意見が必要

グループでなにかを発表するときには、そのグループの人たちで、よく話し合っておくことが必要になります。なにについて発表するのか、どんな内容にするのか、なにを調べるのか、どんな方法で発表するのか、だれがなにを担当するのか？　話し合っておくべきことはたくさんあります。

話し合いで大切なことは、クラスみんなで話し合う場合も、数人のグループで話し合う場合も同じです。みんながそれぞれ意見を出し合うことで、ひとりでは考えつかなかった結論、みんなが納得できる結論をみちびき出すことにあります。そんなゴールをめざして話し合いをしましょう。

❶ みんなが納得できる話し合いをする

❷ 内容に合わせて発表のしかたを工夫する

話し合ってテーマを決めることがスタート

なにについて調べて発表するのか、グループのテーマを決めます。
少人数でも、しっかり話し合うことが、発表成功の秘けつです。

1 グループにひとり、進行役を決めよう

グループの話し合いの役割分担

1. みんなが発言しやすい
少人数だからこそ進行役が必要
ただのおしゃべりにしないために、進行役が必要。

2. 進行役は全員が発言できるようにする
発言が苦手な人からも意見を引き出すのが、進行役のうでの見せどころ。

3. 書記はいなくてもいい
少人数なら、書記はいなくてもよい。各自でメモをとろう。

進行のしかた

1 話し合いの目的をみんなに示す

「今日はわたしたちのグループの
発表のテーマを決めたいと思います」

2 グループの人の意見を聞く

「発表したいテーマがある人はいますか？」
「Aさんから、おねがいします」

3 だれかの意見への質問やほかの人の意見を聞く

「Aさんの提案に質問はありますか？」
「Bくんは発表したいテーマはありますか？」

4 意見をまとめる

「話し合いの結果から、わたしたちのグループは
△△という発表テーマにしましょう」

少人数でも話し合いの手順は大事

グループで発表などを行うときには、グループ内でよく話し合って、ものごとを決めることが必要です。人数が少ない場合には、話し合いのルールなど守らなくても、グループの意見をまとめられるような気がします。

しかし、多くの場合、それではうまくいきません。ひとりの意見だけが通ってしまったり、みんなが勝手に言いたいことを言うだけになったりしがちです。どのような話し合いでもルールを守ることは大切なのです。

話し合いのルールを守りやすくするためには、少人数でも進行役を決めます。進行役になった人は、上の①〜④のようにグループのメンバーの意見を聞きながら、話し合いを進め、グループとしての意見をまとめていきます。

ステップ1 みんなで話し合おう

ステップ2 みんなで調べて、発表しよう

ステップ3 聞く力をきたえよう

ステップ4 友だちどうしで仲よく話そう

さらに話し合いを重ねて準備をしよう

グループでの発表を行うまでには、話し合って決めることがたくさんあります。たとえば、テーマはどうするか、どんな形式で発表するか、どんなことを調べるのか、原稿はだれが書くか、写真はどうするか、どんなスケジュールで進めるか？ これらひとつひとつについてしっかり話し合って結論を出し、みんなで決めていく必要があります。

メンバーのひとりひとりがいろいろな考えをもっていたとしても、しっかりと話し合って決めていくことが大切。

そうすれば、発表に向けて、みんなで協力できるようになります。それが発表を成功させる大きな力になることは、まちがいありません。

2 発表までにみんなで決めることリスト

調べ学習について決めるときは、下のリストを参考に話を進めてみよう。

● テーマはどうする？

・みんながきょうみをもてることは？　・最近気になったできごとは？

● どうやって発表する？

・かべ新聞をつくる？　　・紙しばいにする？
・その場で再現する？　　・寸劇にする？

● だれがなんの役割を受け持つ？

新聞 なら
・記事を書く人
　→取材、調査をする

・写真を用意する人
　→記事を書く人と取材に行って写真をとる

・発表で話す人
　→記事をもとに話す練習をする

寸劇 なら
・台本を書く人
　→取材や調査をして話をつくる

・演じる人
　→台本をもとにセリフを覚えて練習する

> わたしの場合は……

「メンバーひとりひとりとつながれるリーダーをめざしました」
高橋みなみ（歌手・タレント）

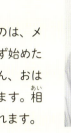

アイドルグループ・AKB48の「総監督」として心がけていたのは、メンバーひとりひとりとつながりをつくることです。そのためにまず始めたのが、話しかけるときには必ず名前を呼ぶことです。「○○ちゃん、おはよう」。あいさつをするときも、名前を呼ぶだけで距離は縮まります。相手も「わたしのことを知ってくれている」と感じて、信頼してくれます。

そうしてできた人間関係をよりよいものにするのが「ありがとう」という言葉。相手の目を見てしっかり言うと、相手との関係が温かくやわらかいものになります。コミュニケーションで、こうしたつながりをきちんとつくることが、チームの団結力を高めていくために必要だと実感しました。

3　"ブレスト"でアイデアを出そう

ブレストってなに？

ブレインストーミングという、みんなでアイデアを出し合う方法のひとつ。右にあげた4つのルールを必ず守ること。

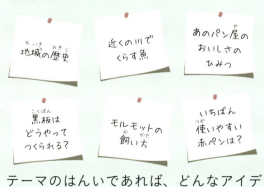

[例] 調べ学習のテーマ決め

テーマのはんいであれば、どんなアイデアを出してもいい。

ブレストの4つのルール

ルール1 人のアイデアにダメ出ししない

ルール2 どんなこともためらわずに自由にアイデアを言う

ルール3 とにかくたくさんアイデアを出す

ルール4 人のアイデアから連想したり、つけ加えたりしてもOK

発表のしかた、伝え方はいくつもある

いつも同じ方法で発表をしていませんか？
内容によって、発表のしかたを変えるともっと伝わりやすくなります。

1 写真や絵、図を見せる

かべ新聞

もぞう紙など、大きな1枚の紙に発表内容をまとめる。写真や見出しが遠くからでも見えるかどうかを確認しながらつくる。発表が終わってからも掲示しておける。

1. 新聞の見てほしいところを指す
2. 話す人は前を向いて発表できるように練習しておく

紙しばい　見せたい写真や絵が多いときに向いている。原稿を写真や絵の裏に貼っておけるが、聞いている人たちのほうを向いて話すことをわすれずに。

1. なるべく大きく見える写真や絵を用意しよう
2. 原稿は裏に貼っておこう
3. 写真や絵はたくさんあるとあきない

できる人は　パソコンを使ってもよい

設備があれば、パソコンで発表用の資料をつくってもよい。大きなスクリーンに映したり、そのまま資料として配ったりすることもできる。

伝えたいことに適した方法を選ぶ

　発表の方法はひとつではありません。いろいろな方法があります。たとえば、キーワードを黒板に書いておくだけでも、聞く人は話を理解しやすくなります。それをプリントにすれば、資料としてみんなの手元に渡すことができ、より正確に内容を伝えることができます。

　写真や絵があるなら、文字だけのプリントを配るより、もっといい方法がありそうです。かべ新聞の形にすれば、写真や絵を見てもらいながら発表することができます。グラフや表などを入れることもできるでしょう。紙しばいにするのもいい方法です。聞く人のきょうみをひきつけながら、発表を進めることができます。

　自分たちが発表しようとしていることを伝えるのには、どんな方法が適しているのか、みんなで話し合ってみましょう。

2 キーワードを伝える

黒板を使う

話をしながら、自分で黒板にキーワードとなる言葉を書いていく。話の中でなにがポイントなのかがわかりやすくなる。

1. 大きな字で書こう
2. 話しながら書いてもよい

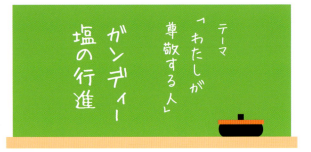

プリントを使う

あらかじめ、テーマとキーワードを記したプリントを用意しておく。聞く人全員にプリントが行きわたるように準備する。

1. かじょう書きでまとめる
2. 自分もプリントを確認しながら発表してよい

「坂本龍馬について」
・高知県
・薩長同盟
・お龍
・江戸幕府を倒す

歴史に残るスピーチの達人

教育の大切さを世界にうったえた マララ・ユスフザイ

　パキスタンの女性人権活動家であるマララ・ユスフザイさんは、「女の子にも教育を」とうったえていたことを理由に、15歳のときにテロ組織タリバンに銃撃され、頭部に重傷を負いました。それでも彼女の考えは変わりませんでした。
　16歳の誕生日に国連本部で行われたスピーチでは、人々を苦しめる貧困や戦争をなくすためには、世界中の子どもが教育を受けることが必要です、と語りかけました。「教育こそ唯一の解決策です。まず、教育を」とうったえるマララさんのスピーチは、教育の大切さを世界中の多くの人々に伝えることになったのです。17歳になった2014年には、最年少でノーベル平和賞を受賞しました。

3 その場でリアルに見せる

再現する　自分の手元でできるものや、短時間でできるものなら、再現しながら説明するとわかりやすい。

1. 再現するときは少し近くに寄ってもらうとよい
2. 再現しながら、話せるようにしよう

寸劇で見せる　伝えたい話や場面を演じてみせる方法。劇が発表時間内に終わるように調整しておこう。

1. 堂々とできるように練習しよう
2. セリフが棒読みにならないように気をつけて

ステップ1　みんなで話し合おう

ステップ2　みんなで調べて、まとめて、発表しよう

ステップ3　聞く力をきたえよう

ステップ4　友だちどうしで仲よく話そう

27

ステップ3 聞く力をきたえよう

話し上手な人と話すと楽しいのは、話がおもしろいから？
じつは自分の話を聞いてもらえているからではないでしょうか。

考えてみよう

1 たくさん話せる人が話し上手？

> ねえねえ、きのうのテレビ見た？

> あー！　見た見た！　すごくおもしろかったよね。特に△△なところと○○なところはすごく笑っちゃったよー。あー、でも□□なところも見のがせなかったよね！　それでさー……

> ぼくにも話をさせてほしいな

28

2 ここをチェックしよう ✓

話を聞ける人ほど楽しく話せる

　自分ばかりがたくさんしゃべっていても、相手は楽しくないかもしれません。話し上手になるためには、人の話を上手に聞けるようになりましょう。相手が話しやすいように聞くことで、思いもよらない楽しい話を引き出せることもあります。

☐ 相手のほうを向いている？
☐ あいづちを打っている？
☐ 話の途中でわりこんで話していない？
☐ 自分ばかりが話していない？
☐ 相手の話にきょうみをもとうとしている？

3 話し上手は聞き上手

ポイント1 きちんとあいづちを打てる

ポイント2 人の話を最後まで聞く

ポイント3 聞いた話にきょうみをもつ

ステップ1 みんなで話し合おう

みんなで調べて、まとめて、発表しよう

ステップ3 聞く力をきたえよう

ステップ4 友だちどうしで仲よく話そう

29

話を聞くときは聞いているということを示そう

相手の話をじっと聞くだけでは、相手は話を聞いてもらえているか不安になります。聞いていることを積極的に伝えましょう。

1 会話がはずむあいづち

あいづちも立派な会話

相手が話しているときに、「そうだね」とか「それで？」などという言葉をはさむあいづち。たいした意味はないように思えますが、会話をはずませるのには、とても重要です。あいづちがないと、話している人は、自分の話を聞いてもらえていないかもしれないと、不安になってしまいます。あいづちも立派な会話の一部なのです。

賛成する
「そうだよね」「そのとおりだね」
「わかるよ」

話の続きを促す
「それでそれで？」「うんうん」

おどろく
「えー!?」「本当に!?」
「知らなかったよ」「びっくりしたよ」

いっしょに悲しむ
「そんなことがあったんだね」
「つらかったね」「そっかあ……」

いっしょにおこる
「そんなあ！」「ひどいね」
「それはおこりたくなるね」

×黙って聞く

聞いているつもりでも、聞いていないように見えてしまう。

話を最後まで聞くのがマナー

相手がなにかを話しはじめたら、最後まで聞くようにしましょう。相手が話そうとした内容が、あなたの知っていることだったとしても、「それなら知ってる！」などと口をはさんで、あなたが全部話してしまったら、せっかく話をしようと思っていた相手はいやな気分になります。話の横取りはマナー違反です。

相手が話している途中で、「あれって最低だよね」などと強く否定するのも、「つまりこういうことでしょ」と勝手に話をまとめるのもマナー違反。

突然話題を変えてしまったりするのも、もちろんいけません。

2 楽しい会話を終わらせる「ざんねんワード」

ざんねんワード❶

「そんなことより」
相手の話を
軽んじているところがダメ

ざんねんワード❷

「でもさあ」
話を否定しようと
するところがダメ

ざんねんワード❸

「（話し合いの途中で）
つまり○×△って
ことでしょ？」
勝手に人の話を
まとめているところがダメ

ざんねんワード❹

「えー、わたしあれは
ないと思うー」
話を強く否定している
ところがダメ

どれも話をさえぎることが問題。せっかく熱心に話しても、こんなあいづちが返ってきたら、話す気をなくしてしまう。

ステップ **1** みんなで話し合おう

みんなで調べて、まとめて、発表しよう

ステップ **3** 聞く力をきたえよう

ステップ **4** 友だちどうしで仲よく話そう

きょうみをもって聞けば楽しくなる

人の話を聞くときには、その話にきょうみをもつようにしましょう。

こちらがきょうみをもって、知りたいという気持ちを表していると、話している人はうれしいし、安心します。そして、その内容に関係するいろいろな話をしてくれるはず。こちらがきょうみをもっていれば、聞いていて楽しいし、いい話を聞ける可能性も高まります。

きょうみがないから聞き流しておけばいいと思っていると、楽しくないし、それが態度に出やすいもの。聞く人がそんな態度だったら、話している人からなかなかいい話は出てきません。

3 聞く姿勢で話を聞いていない人はわかる

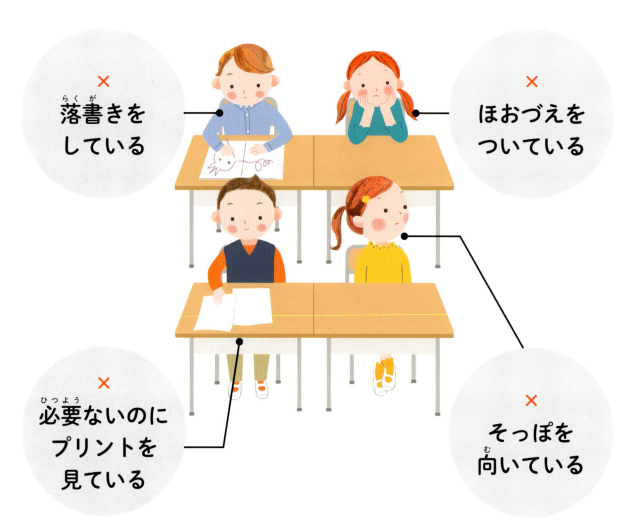

× 落書きをしている

× ほおづえをついている

× 必要ないのにプリントを見ている

× そっぽを向いている

話を聞く態度は、話す側には見えている。自分が話しているときにつまらなそうにしている人が目に入ったら、どんな気持ちだろうか。

4 話す人がもっと話したくなる聞き方

1. 相手を見る
2. ほほえむ
3. うなずく

話している相手に「きょうみがあるよ」ということを表情や態度で表す。前向きに自分の話を聞いてくれる人にはなんでも話したくなるもの。

！ 目を見るのが苦手な人は

目を見るのが、どうしても苦手な場合は、鼻など相手の顔のどこかを見るようにしよう。ずっと見続けなくてもだいじょうぶ。相手が考えごとをしているときなどは少し視線を外そう。

わたしの場合は……

「お客さんに合わせて、
聞き役にも話し役にもなります」
HATO（美容師）

　髪がたを整えている間、お客さんに心地よい時間を過ごしてもらえるようにすることは、美容師の大切な仕事です。お客さんがどうしたいかを考えて話すことを心がけ、相手によって、聞き役にも話し役にもなれるようにしています。
　でも、美容師になりたてのころは話すのが得意ではありませんでした。そのときは、お客さんと話しやすい話題をいくつか考えておいて、できるだけたくさんの人と話すようにすることで慣れ、克服していきました。

ステップ1　みんなで話し合おう

みんなで調べて、まとめて、発表しよう

ステップ3　聞く力をきたえよう

ステップ4　友だちどうしで仲よく話そう

33

友だちの発表をよく聞こう

発表を聞いて疑問をもったり、なにか感じることがあったりしたら、積極的に伝えましょう。
自分の話す力も友だちの発表する力もレベルアップします。

発表の内容をもっと理解できる発言のしかた

質問する

1. ていねいな言葉で話す
2. 命令するような聞き方をしない
3. 答えてもらったら「ありがとう」

× 「全然わからないんだけど！　教えてよ！」

質問されたら

わかることには、ていねいに答えよう。自分がわからない質問には、正直に「わかりません」と答えてよい。

質問と感想を言おう

友だちのスピーチや発表を聞いたら、質問したり、感想を言ったりすることも大切です。

もっとくわしく知りたいと思ったことや、わからなかったことについては、ていねいな言葉で質問をします。スピーチや発表のよかった点や、こうすればもっとよくなると思った点については、感想を言いましょう。

そのためには、きちんと話を聞いている必要があります。

質問をされた人は、ていねいにそれに答えます。質問や感想を言ってもらったら、お礼を言うのもわすれずに。

感想を言う

❶ ほめるときは具体的に伝える

「Aちゃんの話し方は聞き取りやすいスピードだったよ」

❷ アドバイスをするときは前向きな言葉で

「発表に使っていた写真をあと少し大きくすると、もっと迫力が出ると思ったよ」

感想を言ってもらったら

ほめてもらったことにも、アドバイスしてもらったことにも必ずお礼を言おう。言われたことをメモしておくと、次の機会に生かせる。

ステップ1 みんなで話し合おう

ステップ2 みんなで調べて、まとめて、発表しよう

ステップ3 聞く力をきたえよう

ステップ4 友だちどうしで仲よく話そう

35

ステップ4 友だちどうしで仲よく話そう

友だちにはなんでも話したくなるもの。しかし、なんでもかんでも好きなことだけ話していていいのでしょうか？

考えてみよう

1 いやなことばかり言っていい？

× 「今日は天気が悪くていやだなあ」
× 「算数の宿題、めんどうだなあ」
× 「明日は漢字のテストだ……最悪」
× 「今日の給食あまり好きじゃなかったなあ」

友だちだからこそ楽しく話そう

友だちと話すとき、ちょっと注意することで、もっと仲よく話すことができます。いやなこと、きらいなこと、気に入らないことなど、暗い話題ばかりだと、たとえ親しい友だちでも、話をしていて楽しくありません。それに、話している人のイメージまで、暗いものになってしまいそうです。なるべく明るい話題、前向きな話し方にしたほうが、「楽しい」「この人ともっと話したい」と思ってもらえます。

> **Q 友だちはどう思ったかな？**
> ・楽しい話がしたかったのに話しづらかった
> ・なんだか自分まで落ちこんでしまった
> ・「いやだなあ」ばかり言っている子とはいっしょにいても楽しくない

2 いいことや前向きなことを話そう

○「今日は天気が悪いから、うちでいっしょに本を読もうよ」
○「算数の宿題、たいへんそうだけどがんばらなくちゃね」
○「漢字のテスト心配だな……Aちゃんはどうやって勉強しているの？」
○「給食の豆ごはんは苦手だったけど、肉じゃがはおいしかったね」

親しき中にも礼儀あり！あいさつは大切

あいさつはすべての人間関係の基本です。朝のあいさつはもちろん、必要なときに必要なあいさつができるようになりましょう。

1 友だちに会ったら元気にあいさつしよう

すてきなあいさつの3か条

1 さわやかな笑顔で

2 大きな声で

3 相手の顔を見て

あいさつは人間関係の基本

「おはよう」や「こんにちは」というあいさつの言葉には、たいした意味はありません。でも、それをきちんと言うことができると、言われた人は気持ちがいいのです。そして、たぶん同じようなあいさつが返ってくるので、自分もいい気持ちになれます。あいさつをすると、お互い気持ちよく生活することができます。

そういう目的だから、あいさつは感じのよさがとても大切。暗い表情で、ボソボソ言うのではなく、明るい声で相手の顔を見てあいさつします。特に「はじめまして」のあいさつは、あなたの印象を決める大切なもの。さわやかな笑顔をわすれずに。

2 言うべきときに言うべき言葉を

お礼を言う

「ありがとう！」

- とびきりの笑顔で
- 明るい声で

× 表情が暗い
× 相手に聞こえない声

あやまる

「ごめんね」

- 心をこめて
- 悪いと思ったらすぐに言う

× 「でも」「だって」と言い訳する
× 「ごめーん」と軽い調子で言う

ステップ1 みんなで話し合おう

みんなで調べて、まとめて、発表しよう

聞く力をきたえよう

ステップ4 友だちどうしで仲よく話そう

39

楽しくなる話し方でもっと仲よしに

もっと仲よくなりたい！ と思ったら、どんなふうに話をするとよいでしょうか？ 大切なのは、相手を思いやって話すことです。

お互いに相手の気持ちを考える

友だちと会話をするときは、聞くときも、話すときも、相手の気持ちを考えるようにします。たとえば、いいことがあったという話を聞いたら、「よかったね」「すごいね」などの言葉をかけます。つらい話や悲しい話だったら、「そんなことがあったの」「たいへんだったね」といった言葉です。

相手の気持ちを考え、それに寄りそう言葉をかけることで、お互いへの理解が深まり、もっと仲よくなれます。また、なるべく前向き（ポジティブ）に話すことで、お互いに気持ちよく会話ができます。

1 気持ちに寄りそう

楽しいとき

相手が楽しい気持ちで話しているときは、こちらも楽しい気持ちで聞こう。うれしい話なら、自分のことのように喜ぼう。

悲しいとき

無理に励ましたりせずに、相手の悲しむ気持ちを受け止める。「悲しいね」「つらいね」とあいづちを打ちながら、話を聞こう。

2 ポジティブな表現をたくさん使おう

ポジティブワード

その気はなくても、聞いた人が「むっ」となる言葉もある。前向き（ポジティブ）な表現に言いかえる。

× りんごジュースでいいよ

○ りんごジュースがいい！

× なんでもいい

○ △△がいいな

○ どれもいいよね

マイナスプラス法

マイナスなこととプラスなことを両方話す場合は、プラスなことが結論になるように話そう。聞き手には楽しい印象が残る。

× 夏は好きだけど、暑いよね

○ 暑いけど、夏が好き

× 旅行は楽しみだけど、準備がたいへん

○ 準備はたいへんだけど、旅行が楽しみ

知りたい！ "マネする"だけで仲よくなれるって本当？

「ミラーリング」というコミュニケーションのテクニックがあります

会話をしているとき、何気なく相手のしぐさをまねるのが、ミラーリングのテクニック。

相手がテーブルに手をのせていたら、こちらも同じような姿勢をとり、相手がお茶を飲んだら、こちらも飲むようにします。

たったそれだけのことで、お互いに親密な気分が生まれてきて、話がはずむようになります。

ステップ1　みんなで話し合おう

ステップ2　みんなで調べて、まとめて、発表しよう

ステップ3　聞く力をきたえよう

ステップ4　友だちどうしで仲よく話そう

こんなとき どう伝える？

伝えたいことをスムーズに伝え、誤解が生まれないようにするためには伝え方にも工夫が必要です。

1 友だちを遊びに誘うとき

1 誘うときは、いつ／どこで／なにをする計画なのか伝える

2 断られてもいやな顔をしない

✕ 仲間外れは絶対にダメ

必ず全員に声をかけよう。いつも遊んでいるグループのうちひとりだけを誘わない、などは絶対にダメ。自分がされたらどんな気持ちになるかよく考えよう。

2 たのみごとをするとき

1. たのみたいことと その理由をはっきり伝える
2. 引き受けてもらったら「ありがとう」
3. 決して無理に押しつけない

なぜその人にたのみたいのかも伝えよう

↓

たのみごとをしてもらったら

4. たのみごとを聞いてくれた友だちにもう一度、お礼を言う。「〜してくれて、ありがとう」

❗ 引き受けた人は責任をもって

一度たのまれごとを引き受けたら、途中で投げ出してはいけない。責任をもって最後までやろう。最後までできそうもないことは、引き受けないということも大切。

ステップ1 みんなで話し合おう

みんなで調べて、まとめて、発表しよう

聞く力をきたえよう

ステップ4 友だちどうしで仲よく話そう

43

3 注意をするとき

1. できるだけおだやかに話をする
2. いきなりどなったり、強い口調で話すのはケンカのもと

> ❗ **クッション言葉を使おう**
> 注意など、少し言いにくいことを話すときには、「悪いんだけど」「すまないけど」などをつけると、やわらかい印象になる（3巻40ページも見てみよう）。

4 たのまれごとや誘いを断るとき

1. どうして断るのかを伝える
2. ひとこと「ごめんね」と伝えると印象が悪くならない

> ❗ **断られても「むっ」としない**
> 断られたときは、いやな顔をしないこと。笑顔で「だいじょうぶだよ」「気にしないでね」。考えてくれたことに「ありがとう」と伝えよう。

知りたい！ 友だちが悪口を言われているのを聞いてしまった……！

その会話には参加しないことです

むずかしい場面ですが、いちばんいいのは、悪口を言っている人たちの話の輪に加わらないことです。「そんなことないよ！」と反論しても、理解してもらえるとは限りませんし、ケンカになってしまうかもしれません。かといって、いっしょになって友だちの悪口を言ったりするのは最悪です。

そこで、聞こえなかったことにして、立ち去ってしまうのです。話をふられた場合でも、悪口には同調せず、聞き流しておきます。みんなに気づかれないように、こっそりと話の輪からはなれるのも上手な方法です。

だれかの悪口を言う会話には加わらない。加わってもいいことはない。

伝え方がわかればきちんと伝わる

誘う。たのみごとをする。注意する。たのまれごとや誘いを断る。どれもむずかしい話で、話し方が悪いと、話がこじれたり、トラブルが起きたりします。それぞれの場面に応じた、きちんとした話し方や伝え方がありますから、それをマスターしておくことが、まず必要です。

それに加えて、相手への気づかいをわすれないようにしましょう。誘うときや、たのみごとをするときに、断れないような話し方をしたら、相手を苦しめてしまうかもしれません。注意するときや、断るときは、相手をいやな気分にさせない話し方を心がけましょう。

いやな気分にさせないために大切なのは、相手の気持ちを決めつけたり、否定したりしないこと。たとえば、誘いやたのみごとを断られたときも、いやな顔をしないようにしましょう。

断ったときや注意したとき、相手の反応によっては、ちょっといやな気持ちになることもあるかもしれません。

でもそれはそのときだけのことです。これからも友だちと仲よく、いい関係でいるほうがずっと楽しいはずです。いやだなと思った気持ちはぐっとこらえて、どんなときでもていねいに接することを心がけましょう。

45

全巻さくいん

【あ】

- アイスブレイク ……………… 3巻 ・26
- あいづち ………………… 2巻 ・29、30
- アイランド型 ………………… 2巻 ・11
- アドバイス …………………… 2巻 ・35
- アナウンサー …… 1巻 ・10、40／ 3巻 ・7
- アナウンス ……………………… 3巻 ・6
- あやまる ……………………… 2巻 ・39
- アンチクライマックス法 ……… 1巻 ・44
- イエスバット法 ……………… 2巻 ・17
- 意思表示 ……………………… 2巻 ・13
- 依頼 …………………………… 3巻 ・23
- インタビュー（メモ）
  ………………… 3巻 ・22、24、26、28
- エイブラハム・リンカーン ……… 2巻 ・12
- 演出 …………………………… 3巻 ・33
- おあや ………………………… 1巻 ・13
- オウム返し …………………… 1巻 ・20
- オープン・クエスチョン ……… 3巻 ・28
- おねがいする ………………… 3巻 ・41
- お礼（を言う）………… 2巻 ・35、39、43
- 音読 …………………………… 1巻 ・14

【か】

- 歌手 …………………………… 2巻 ・23
- かじょう書き（法）
  ………… 1巻 ・43／ 2巻 ・13、26／ 3巻 ・32
- 滑舌 …………………………… 1巻 ・12
- かべ新聞 …………………… 2巻 ・22、24
- かべ立ち ……………………… 1巻 ・8
- 紙しばい …………………… 2巻 ・22、25
- 感想（を言う）………………… 2巻 ・35

- キーワード ……… 2巻 ・26／ 3巻 ・29、35
- 企画 …………………………… 3巻 ・8
- 聞く姿勢 ……………………… 2巻 ・32
- 強調 …………………………… 3巻 ・10
- キング牧師 …………………… 1巻 ・45
- 口ぐせ ………………………… 3巻 ・38
- クッション言葉 …… 2巻 ・44／ 3巻 ・40
- クライマックス法 …………… 1巻 ・44
- グループ …… 2巻 ・11、15、18、20、22
- クローズド・クエスチョン …… 3巻 ・28
- 結論 ………………………… 1巻 ・30、44
- 原稿
  …… 1巻 ・30、32、34、37、39／ 3巻 ・32、36
- 謙譲語 ……………………… 3巻 ・42、44
- 校内放送 ……………………… 3巻 ・8
- 声のトーン …………………… 1巻 ・11
- 言葉づかい …………………… 3巻 ・38
- 断る ……………… 2巻 ・44／ 3巻 ・41

【さ】

- 誘う ………………………… 2巻 ・42、45
- ジェスチャー ………………… 1巻 ・35
- しぐさ ……………………… 1巻 ・22、33
- 時系列法 ……………………… 1巻 ・43
- 自己紹介 …………………… 1巻 ・16、18、30
- 司書 …………………………… 3巻 ・35
- 姿勢 ………… 1巻 ・6、8、14、22、33
- シタシキナカ ………………… 1巻 ・21
- 下調べ ………………………… 3巻 ・24
- 質問（する）
  …… 1巻 ・20／ 2巻 ・34／ 3巻 ・20、22、28
- 質問票 ………………………… 3巻 ・25
- ジャーナリスト ……………… 1巻 ・18
- じゅげむ ……………………… 1巻 ・13

- 書記 ………………………… **2巻** ・11、12、20
- 序論（じょろん） ………………………… **1巻** ・30
- 進行役（しんこうやく） ………………………… **2巻** ・10、15、20
- スティーブ・ジョブズ ………… **1巻** ・33
- ストレッチ ………………………… **1巻** ・36
- 寸劇（すんげき） ………………………… **2巻** ・22、27
- 尊敬語（そんけいご） ………………………… **3巻** ・42

【た】

- 台本 ………………………………… **3巻** ・9
- たのみごとをする ……………… **2巻** ・43、45
- タレント ………………………… **2巻** ・23
- 単語（たんご） ……………… **1巻** ・15／ **3巻** ・38
- 注意をする（ちゅうい） ………………… **2巻** ・44
- ていねい語 …… **1巻** ・31、41／ **3巻** ・42、45
- ディベート …………………………… **3巻** ・14、16
- 電話（のかけ方） …………………… **1巻** ・24
- 動画チェック（どうが） ……………………… **1巻** ・32
- 読書カード（どくしょ） ………………………… **3巻** ・36

【な】

- ナレーション ……………………… **3巻** ・10

【は】

- 発言力（はつげんりょく） ………………………… **1巻** ・40
- 話すスピード ………………… **1巻** ・10、31
- 反対意見（はんたいいけん） ………………… **2巻** ・7、13、16
- 反駁（はんばく） ……………………… **3巻** ・18、21
- 反論（はんろん） ……………………… **3巻** ・16、18、21
- 美化語（びかご） ……………………… **3巻** ・42、45
- 美容師（びようし） ……………………… **2巻** ・33
- 腹式呼吸（ふくしきこきゅう） ……………………… **1巻** ・12
- ブックトーク ………………………… **3巻** ・34
- プリント ………………………… **2巻** ・25、26

- ブレインストーミング ………… **2巻** ・23
- プレゼンテーション ………… **3巻** ・30、32
- 弁護士（べんごし） ……………………… **3巻** ・19
- 母音（ぼいん） ………………………………… **1巻** ・13
- 北条政子（ほうじょうまさこ） ……………………… **1巻** ・30
- ポジティブワード ……………… **2巻** ・41
- ほめる ………………………………… **2巻** ・35
- 本論（ほんろん） ………………………………… **1巻** ・30

【ま】

- マイクのり ………………………… **3巻** ・9
- マイナスプラス法 ……………… **2巻** ・41
- 魔の5Dワード（ま／ディー） ……………… **2巻** ・16
- マララ・ユスフザイ …………… **2巻** ・26
- ミラーリング …………………… **2巻** ・41

【や】

- 要点（ようてん） ………………………………… **1巻** ・44
- 抑揚（よくよう） ………………………………… **3巻** ・10

【ら】

- ラジオパーソナリティ ………… **3巻** ・11
- 立論（りつろん） ……………………… **3巻** ・18、20
- リハーサル …………… **1巻** ・32／ **3巻** ・9
- 流行語（りゅうこうご） ………………………… **3巻** ・39
- レジュメ ………………………… **3巻** ・33
- 連絡事項（れんらくじこう） ……………………… **3巻** ・12
- 録音（ろくおん） ……………………… **1巻** ・15、32

【わ】

- 悪口（わるぐち） ………………………… **2巻** ・45

【アルファベット】

- PREP法（プレップ） ……………………… **1巻** ・44

47

監修

鳥谷朝代（とりたに・あさよ）

一般社団法人あがり症克服協会代表理事。株式会社スピーチ塾代表取締役。NHKカルチャー、朝日カルチャーセンター、よみうりカルチャー、中日文化センター、リビングカルチャー倶楽部にて話し方講師として活躍。自身もあがり症に苦しみ、克服した経験を持つ。「同じように悩んでいる人の助けになりたい」という思いから2004年「あがり症・話しベタさんのためのスピーチ塾®」を開校した。主な著書、監修書に『人前で「あがらない人」と「あがる人」の習慣』(明日香出版社)、『心に残る入学式・卒業式のあいさつ』(日本文芸社)など。

参考文献

- 鳥谷朝代著『1分のスピーチでも、30分のプレゼンでも、人前であがらずに話せる方法』大和書房、2016年
- 菊池省三監修『国際人をめざせ！ コミュニケーションの達人 ①スピーチ 伝える力をきたえる』フレーベル館、2004年
- 西出博子、ウマカケバクミコ共著『友だちが増える 話し方のコツ』学習研究社、2009年
- 魚住りえ著『たった1日で声まで良くなる話し方の教科書』東洋経済新報社、2015年
- 生越嘉治著『話し合いと発表力トレーニング ①話し合い(説得力)トレーニング』あすなろ書房、2003年
- 井出一雄監修『話す力・書く力をきたえる 小学生のための表現力アップ教室④ 5・6年生の話し方教室』小峰書店、2009年
- マララ・ユスフザイ＋クリスティーナ・ラム著、金原瑞人＋西田佳子訳『わたしはマララ 教育のために立ち上がり、タリバンに撃たれた少女』学研パブリッシング、2013年
- サイモン・シーバッグ モンテフィオーレ著、平野和子訳『世界を変えた名演説集―その時、歴史は生まれた』清流出版、2009年
- 高橋みなみ(AKB48)著『リーダー論』講談社、2015年

イラスト	かまたいくよ(本文イラスト)	**本文デザイン**	谷関笑子(TYPEFACE)
	成瀬 瞳(マンガ)	**校 正**	ペーパーハウス
カバーデザイン	渡邊民人(TYPEFACE)	**編集協力**	オフィス201(新保寛子、篠塚あすみ)、柄川昭彦

こうすればきみも話せる❷
友だちと会話を楽しもう

2018年1月31日　第1刷発行

監　修　　鳥谷朝代
発行者　　岩崎夏海
編　集　　大塚奈緒
発行所　　**株式会社岩崎書店**
　　　　　〒112-0005　東京都文京区水道1-9-2
　　　　　電話 03-3812-9131(営業)　03-3813-5526(編集)
　　　　　振替 00170-5-96822
印刷所　　三美印刷株式会社
製本所　　株式会社若林製本工場

©2018 office201
Published by IWASAKI Publishing Co.,Ltd. Printed in Japan.
ISBN 978-4-265-08622-1
○ご意見ご感想をお寄せください。 E-mail：hiroba@iwasakishoten.co.jp　○岩崎書店ホームページ　http://www.iwasakishoten.co.jp
乱丁本、落丁本は小社負担でおとりかえいたします。本書のコピー、スキャン、デジタル化等の無断複製は著作権法上での例外を除き禁じられています。
本書を代行業者等の第三者に依頼してスキャンやデジタル化することは、たとえ個人や家庭内での利用であっても一切認められておりません。
NDC375　48p 29cm×22cm

こうすれば きみも話せる
全3巻

第1巻 自己紹介から始めよう！

第2巻 友だちと会話を楽しもう

第3巻 ワンランク上の話し方 テクニック

鳥谷朝代・監修

岩崎書店